INV. RÉSERVE
I 1.170

AF335871

A MESSIEURS DE LA COUR IMPÉRIALE DE PARIS

PREMIÈRE CHAMBRE

AUDIENCE DE MARDI, 7 JUILLET 1857.

MÉMOIRE

DE

THÉOPHILE SILVESTRE

INSPECTEUR DES BEAUX-ARTS EN MISSION, APPELANT

CONTRE

HORACE VERNET

PEINTRE, DE L'INSTITUT, INTIMÉ.

Affaire de l'HISTOIRE DES ARTISTES VIVANTS, jugée par la 4ᵉ chambre du Tribunal de première instance de la Seine, le 26 juillet 1856. — Lettres de M. Horace Vernet sur l'Orient et sur la Russie.

PARIS

IMPRIMERIE DE PILLET FILS AINE

RUE DES GRANDS-AUGUSTINS, 5.

1857

THÉOPHILE SYLVESTRE CONTRE HORACE VERNET

MESSIEURS DE LA COUR,

Si je ne me sentais bien fort de mon droit, je n'entreprendrais pas de résister devant vous aux prétentions de mon illustre adversaire, M. Horace Vernet, de l'Institut. Votre haute impartialité, messieurs, réparera l'inégalité des forces en présence dans cette lutte, dont je suis le premier à déplorer l'obstination. Un orateur que tout le monde admire, Mᵉ Crémieux, m'a défendu devant les premiers juges avec une éloquence incomparable et digne d'un meilleur sort. La sentence rendue par la 4ᵉ chambre du tribunal de première instance, le 26 juillet 1856, m'étonna tellement, et me fortifia si bien en même temps dans le sentiment de mon droit, que je résolus, dès l'issue de l'audience, d'en appeler à vos lumières supérieures, et de renoncer même au secours de mon illustre défenseur. Ma cause est simple à ce point que je ne la crois plus digne de lui. Un enfant pourrait la plaider et la gagner ; c'est ma conviction. Aujourd'hui donc, messieurs, pas de beaux discours, mais des faits positifs, des preuves irréfutables que M. Horace Vernet a, de sa propre main, signées contre lui-même.

I

PREMIERS RAPPORTS

ENTRE HORACE VERNET ET THÉOPHILE SILVESTRE

Vous connaissez tous M. Horace Vernet ; je dois vous dire qui je suis. J'ai écrit et publié un livre intitulé : *Histoire des artistes vivants, Etudes d'après nature*, un essai dont le succès inespéré m'a fait des amis, des adversaires, et m'a valu du gouvernement la mission d'inspecter les musées de l'Europe. Je n'ai pas besoin de parler de la moralité de l'ouvrage. Il circule largement sous la protection des lois. Il peut s'y trouver, je n'en disconviens pas, des ardeurs de tempérament et des fautes de goût ; mais je défie qui que ce soit d'y découvrir la moindre trace d'improbité. Je fais bon marché de mon œuvre ; mais je défends mon âme, ma conduite ; l'homme avant l'écrivain !

Voyez, messieurs, quel but j'ai poursuivi dans ces lignes qui servent d'introduction au livre :

« Nous avons souvent entendu exprimer le regret qu'il ne se soit pas trouvé à toutes les grandes
« époques, pour écrire l'histoire des artistes, un observateur patient, épris de vérité, doué d'une
« curiosité toujours en éveil, d'une humeur très-libre, et prenant jour par jour des notes précises
« sur ses contemporains. Les révélations positives qu'il eût recueillies en interrogeant sans cesse
« les maîtres sur leurs sentiments, leurs opinions et leurs pratiques, les traits de génie et de carac-
« tère qu'il eût saisis au vol dans les libres entraînements de la causerie, en tous lieux, à toute
« heure, à propos de tout, formeraient un corps de documents originaux et de leçons directes qui
« nous manquent absolument. Il y a dans la tradition une lacune dont chacun se plaint et que
« personne ne comblera.

« Les récits des vieux historiens et ceux de la plupart des modernes archéologues sont remplis
« d'incertitudes, de contradictions, d'anecdotes inventées après coup. A tant de vices ajoutez les
« complaisances ou les animosités personnelles, les théories ambitieuses, les divagations sentimen-
« tales, les coloriages de style, en un mot tous les moyens mis en œuvre par le caprice des écri-
« vains au détriment de la vérité, — que restera-t-il à l'histoire? Des fables façonnées comme à
« plaisir pour calomnier la mémoire des morts et abuser de la simplicité des vivants.

« Ces romans historiques peuvent faire les délices des oisifs ; ils ne laissent dans l'esprit du lec-
« teur sérieux qu'une railleuse indifférence. Qui ne donnerait pas ces fantaisies littéraires pour une
« conversation avec Michel-Ange, Raphaël, Albert Durer ; pour dix lignes écrites par Rubens,
« Vélasquez ou Rembrandt?

« L'historien doit s'attacher à tout voir, à tout entendre par lui-même, et se sentir, avant de
« prendre la plume, aussi loyal qu'indépendant. Il est tenu d'étudier son sujet avec l'application
« religieuse du bon peintre chargé d'un portrait de famille. On ne peut imaginer la vie, le carac-
« tère, les doctrines de qui que ce soit au monde, sans outrager à la fois sa propre conscience,
« l'homme dont on parle, le public et la postérité.

« L'auteur de ce livre a fréquenté les maîtres célèbres pour apprendre, suivant le sage conseil
« de Montaigne, à *parler des vents avec les nautoniers*. Il a essayé de pénétrer du même coup d'œil
« l'âme de l'homme et l'œuvre de l'artiste, inséparables à ses yeux, afin d'arriver à dire à ses con-
« temporains, sans tenir compte de leurs illusions vaniteuses, la vérité, ce qu'il croit être la vérité,
« avec le plus absolu désintéressement. Sa prétention n'est pas d'imposer ses idées; il se contente
« de les exprimer sincèrement dans ces *études d'après nature*, écrites au courant de la plume
« et dédiées à quelques amis comme un témoignage d'affection.

« Il n'est pas aussi difficile qu'on le croit de parler des personnes vivantes : il suffit d'élever réso-
« lûment son âme au-dessus de l'ambition, de l'envie et de la servilité ; il suffit de mépriser les
« talents frivoles et corrompus, de haïr la sottise, d'honorer le génie et d'aimer la justice. »

Ce programme, messieurs, blesse-t-il en rien le droit commun, la délicatesse des convenances
sociales ? J'ai fait, ajouterai-je, tous mes efforts pour le suivre fidèlement, sans m'en laisser dé-
tourner jamais par l'intérêt personnel, la vanité ou la faiblesse. J'ai peut-être dévoilé les travers
de caractère, les erreurs de pensée, les vices de métier de quelques artistes; mais je n'ai point
franchi la vraie limite des devoirs de l'observateur et des droits du critique. La profession d'écrivain me serait odieuse si elle ne m'offrait, en compensation des ennuis dont elle est remplie, l'occasion de rendre justice à des hommes éminents par leurs ouvrages et par leur caractère. Il m'est
aussi doux d'honorer le génie et la grandeur d'âme qu'il m'est pénible de contester les talents
agiles et trompeurs qui triomphent dans les brigues en caressant toutes les corruptions. Je ne suis
ni le parasite, ni l'ennemi de nos gloires, ni l'esclave du public. Aussi respectueux envers la loi
sociale qu'envers mes propres pensées, je ne fais ni pamphlets ni panégyriques ; j'écris dans toute la
sincérité de mon âme l'histoire des artistes vivants comme s'ils étaient morts. Mes jugements ne
devraient flatter ni blesser ces hommes célèbres, leurs propres idées ayant à leurs yeux, par une
vanité facile à comprendre, plus de prix que n'en pourraient avoir les miennes. Si j'ai le tort de
dire ce que je pense, j'ai l'excuse de penser ce que je dis. Les machinations puériles ou coupables
des coteries d'artistes m'ont parfois irrité parce qu'elles énervent l'école française, rabaissent ou
déshonorent la tradition, empoisonnent le germe du génie et privent la patrie de ces grands peintres, de ces nobles sculpteurs qu'elle réclame pour l'apothéose de ses gloires. Question de talent à
part, ne sont-ils pas bien rares, de nos jours, les écrivains sincères qui savent fuir, pour dire la
vérité, les manœuvres de l'intrigue, les bassesses de la servitude et les lâchetés de l'envie?

En essayant de peindre d'après nature nos artistes vivants, à tort ou à raison célèbres, je n'ai fait tout simplement que profiter d'une autorisation qu'ils m'ont eux-mêmes personnellement accordée. Ils ont bien voulu poser devant moi, me raconter leur vie, m'expliquer leurs principes, leurs œuvres. J'ai fait des portraits à la plume, comme ils font des portraits au pinceau.

Voici d'ailleurs dans quels termes je prévenais chacun de mes personnages, dès le 15 octobre 1852 :

« Monsieur, en me livrant à des recherches sur l'histoire des artistes morts, j'ai trouvé beaucoup de contradictions et d'incertitudes dans les documents qui nous sont restés. J'espère me rendre plus utile en faisant des études moins incertaines sur les artistes qui vivent de nos jours.

« Par l'indépendance, la sincérité, le désintéressement le plus absolu et les renseignements les plus positifs qu'il me sera possible de recueillir, j'ai la confiance d'arriver à écrire un livre plus utile, plus sérieux et surtout plus honnête que ne le sont les feuilles volantes de la critique contemporaine, trop souvent condamnée à suivre les spéculations du journalisme et de la librairie. Egalement éloigné de la servilité et du fanatisme, en un mot, de tout parti pris, je n'ai d'autre ambition que celle d'être juste et lucide dans mes jugements. Pour atteindre ce degré de conviction et d'impartialité au-dessous duquel tout livre est un acte public d'impudence, et quelquefois un mauvais service rendu à la société, je dois absolument, vous le sentez bien, monsieur, consulter personnellement les artistes. Les moments d'entretien qu'il leur plaira de m'accorder à leurs heures perdues vaudront à mon livre un caractère de vie et d'authenticité que, seul, je ne pourrais lui donner, quelle que soit, d'ailleurs, ma connaissance des ouvrages modernes les plus célèbres. Je ne crois pas avoir le droit, pour quelque motif que ce puisse être, de m'exposer volontairement à présenter sous un faux jour les talents divers de leurs auteurs, à rien altérer de leur pensée et de leur tendance originale.

« Vous aurez, monsieur, une place importante dans mon recueil : aussi me permettrez-vous, je l'espère, de vous consulter. Je compte trop sur la libéralité de votre intelligence, sur la franchise de vos convictions pour ne pas être assuré, d'avance, d'être bien compris et bien accueilli de vous. »

On le voit, je n'ai sollicité traîtreusement ni pris de force aucun de mes modèles. Je n'aurais pu tromper, d'ailleurs, leur subtilité, bien supérieure à la mienne. Je n'ai pas non plus abusé du privilége que s'arrogent si souvent les peintres eux-mêmes, de flatter, d'embellir avec complaisance des gens vulgaires, grossiers et vaniteux. Si j'ai montré mon antipathie pour des réputations usurpées et trop bruyantes, que de fois ne me suis-je pas laissé emporter par l'admiration ou entraîner par l'indulgence ? J'ai pourtant cherché de mon mieux à donner cette juste mesure de mes contemporains :

Ingres, imitateur étroit et obstiné ; Delacroix, génie admirable par l'invention et tourmenté par les difficultés du métier ; Decamps, dont l'esprit s'est épuisé à poursuivre des ruses de pratique ; Courbet, exécutant robuste, qui compromet ses moyens naturels par des combinaisons triviales ou bizarres ; Barye, notre meilleur statuaire ; Préault, plus artiste par les aspirations que par les œuvres, papillon qui vole d'une aile fatiguée vers une gloire impossible ; Diaz, peintre de bonne race, mais gâté par la vogue ; Corot, âme douce et timide, fuyant les agitations humaines pour surprendre les secrets de la nature ; Rude, qui mêlait aux préoccupations de l'art toutes les illusions du patriotisme ; Chenavard, qui n'a plus d'illusions ; Horace Vernet, l'historiographe des régiments et des gardes nationales, un peintre comme il n'en fut jamais, comme il n'en sera plus, daguerréotype vivant qui voit et reproduit tout sans penser.

L'homme, hélas ! se croit toujours grand et beau ; j'ai pu blesser quelqu'un de ces nobles artistes, mais aucun ne s'est plaint, sauf M. Horace Vernet. Si je les ai blessés, ils me rendront du moins cette justice que je les ai toujours pris en face, jamais par derrière. Je les mets tous, du premier au dernier, au défi le plus absolu de dire que je leur aie promis, en quelque moment que ce puisse être, une louange ou un blâme. L'écrivain qui prostitue sa pensée ou qui fait de sa plume un instrument d'intimidation est le plus vil des hommes.

La huitième livraison de mon livre venait de paraître quand M. Horace Vernet me fit dire: «Je me mets entièrement à la disposition de M. Silvestre; qu'il vienne me voir à l'Institut, qu'il vienne! » Bientôt j'entre de plain-pied dans l'intimité de M. Horace Vernet. Il me faisait mille compliments, trop de compliments, sur mes travaux. Il vantait surtout mon étude d'après nature sur M. Ingres, dont je n'aime ni le talent ni le caractère, et il ne cessait de déchirer l'auteur du *Martyre de saint Symphorien* avec une verve fort plaisante. Il me félicitait aussi d'avoir donné une leçon de moralité aux artistes avides d'argent par la publication des lettres du sculpteur Pradier. J'étais bien loin de penser alors que peu de jours après M. Horace Vernet me pousserait lui-même à publier sa propre correspondance et m'intenterait ensuite un procès étrange, parce que j'ai bien voulu me faire l'exécuteur complaisant de ses volontés.

Je voyais M. Vernet presque tous les jours; il m'attirait auprès de lui avec une rare affabilité; je ne le flattais pas, c'est lui qui me flattait. Je m'apercevais bien qu'il voulait ainsi me pousser doucement à écrire des dithyrambes sur son caractère et sur ses ouvrages. Je lui passais ces innocentes manœuvres, et je disais gaiement à mes amis: « M. Horace Vernet me prend pour son évangéliste! »

Un avocat a bien travesti mon rôle devant les premiers juges : il m'a montré sollicitant, avec une habileté toute politique, la confiance et l'amitié de M. Horace Vernet, *depuis longtemps blasé*, dit-il, *sur le plaisir banal qu'on peut éprouver à voir imprimer sa vie et ses œuvres;* il m'a fait voir triomphant *de la résistance* de l'illustre artiste par ma *ténacité* et par mes *obsessions*. Mais M. Horace Vernet n'est ni si pudique, ni à ce point blasé sur les éloges. C'est une vive joie et non pas un *banal plaisir* qu'il éprouve à voir son nom imprimé et répandu.

« Rubini, écrivait-il de Saint-Pétersbourg, le 27 mars 1843, gagne cinquante mille francs ici par soirée, *mais il n'a pas le plaisir de voir courir après un morceau de papier qui porte son nom....* Quand il a fermé la bouche..... votre serviteur de tout mon cœur!..... Il ne laisse qu'un souvenir bon à ceux qui l'ont entendu, et rien qui lui survive. »

« Voilà pourquoi les hommes célèbres aiment tant les écrivains! » s'écriait Me Crémieux, qui s'entend si bien aux fines allusions.

Non, non, avocat Cauvain, je n'ai jamais sollicité la bienveillance ou l'amitié de qui que ce soit : homme obscur ou homme illustre, avec la ténacité que vous m'avez imputée, dans le sot espoir de m'humilier par un mensonge de métier! Seule, la niaiserie provinciale peut aimer à courir après les célébrités. Je connais trop d'ailleurs leurs caprices et leurs misères !

Faibles ou forts, les écrivains, chacun le sait, ont beaucoup fait pour la renommée de nos artistes, beaucoup trop fait peut-être. M. Vernet n'avait pas besoin de mes éloges; pourtant il m'humiliait parfois en les recherchant. Espérait-il que je défendrais aveuglément son talent, dont lui-même, dans les lignes suivantes, reconnaît les erreurs et le déclin ?

« Je suis convaincu, écrivait-il à M. Delaroche, 15 avril 1852, que l'affaiblissement dans lequel je suis tombé est prématuré; que si les circonstances déplorables qui depuis une année ont changé mes rapports avec la société ne s'étaient pas présentées; je suis persuadé, dis-je, qu'il m'aurait été possible de soutenir plus longtemps le rang que mes travaux m'avaient assigné. Qu'un si triste exemple vous serve d'avis, mon cher Delaroche..... Aujourd'hui, l'école est une armée qui manque de chef. La puissance de Ingres s'est écroulée sous le poids de son absolutisme, dans le coin où son outrecuidance l'a relégué.....

« Grâce à l'aspect boueux et plombé du salon, mon tableau, la *Prise de Rome*, qui remplit lui-même pas mal de ces conditions, est sans doute celui qui attire le plus les regards. En le considérant il n'éborgne pas, et on le quitte sans émotion fâcheuse. Je sens que bientôt il faudra en finir, avant que flétri par la vieillesse ou par anticipation la triste solitude ne vienne fermer la boutique. J'ai promis quelques tableaux, je vais les faire. La montre marche toujours, mais les aiguilles ne marquent plus rien; autrement dit, ma vieille triture est encore là, mais n'indique plus ce que je voudrais faire comprendre. »

Eh bien, messieurs, ce que M. Horace Vernet voudrait si bien faire comprendre, ce que sa *vieille triture*, c'est-à-dire ce que ses procédés de peintre usé n'indiquent plus, c'est là justement ce qu'il me priait tous les jours d'expliquer au public, la plume à la main. « Vieux peintre, je succombe, un jeune écrivain me soutiendra ! » Voilà sa pensée. Qui se montrait intéressé et servile dans ces relations? Horace Vernet; vous l'avez dit.

II

ORIGINE ET CAUSES DU PROCÈS.

Cependant tout allait encore bien entre M. Horace Vernet et moi. Je n'ai pas besoin d'entrer dans le détail de ses conversations. Il me parlait des arts, des artistes, de sa famille, de ses bonnes fortunes, de la religion, du gouvernement, de ses voyages, de ses rapports avec les souverains, de l'armée, de la garde nationale, des Juifs, des Arabes, de la chasse, de l'équitation. Il passait de la marine aux finances, de la diplomatie au conseil d'Etat. Il se répandait sur toutes choses avec une légèreté, une verve intarissables, entremêlées de calembours grivois, de coq-à-l'âne, de pantomimes et de pirouettes. Après m'avoir montré les cadeaux reçus des souverains, il me lisait les lettres qu'il écrivait aux ministres et aux princes pour leur donner quelquefois des leçons. Venaient enfin les confidences, les lamentations du roi Louis-Philippe, les manœuvres de Ingres, les piéges tendus à Abd-el-Kader, les menaces faites à M. Thiers, les épouvantes de M. Odilon Barrot, le ménage de Rossini, la jeunesse de M. Emile de Girardin, etc.

Ennuyé enfin par cet effroyable salmigondis de commérages innocents, obscènes ou meurtriers, je le ramenai à l'histoire de l'art. Je l'interrogeai avec méthode sur ses principes et sur ses procédés. Je reconnus bientôt que cette tête affolée, dans laquelle semblent bourdonner des milliers d'insectes, ne pouvait suivre aucune méthode, aucune idée. L'esprit de suite, je l'ai dit ailleurs, lui est impossible ; tout raisonnement l'importune, l'irrite ; il faut le laisser battre les champs à sa guise et passer d'un sujet à l'autre en papillonnant. Quand j'eus compris ce caractère dont les impressions diverses sortent toujours au hasard comme les numéros d'un loto, je dus renoncer à mettre moi-même dans mes questions un ordre qui le gênait et le fatiguait. Je n'obtenais guère de lui, malgré sa bonne volonté, que des oui, des non, des peut-être, et quelques détails sans importance.

« J'ai eu l'honneur de vous prévenir plusieurs fois, me dit-il un jour, que je n'ai pas la tête assez forte pour tirer des réflexions de tout ce que j'ai vu et des raisons de tout ce que je fais. Je ne suis ni un savantasse, ni un embrouille-tout.....

« Ma vie, mes impressions de voyage, reprit Horace Vernet, il me serait difficile de vous les raconter avec ordre. Mes idées se culbutent dans ma tête comme la foule au sortir du spectacle; vous en saisirez ce que vous pourrez au passage..... J'ai pourtant un moyen de vous renseigner : pendant mes tournées lointaines, et dans les circonstances les plus marquantes de ma carrière, j'ai écrit sur toute espèce de sujets bon nombre de lettres. Cette correspondance vous coûterait à dépouiller beaucoup de temps et de peine ; mais puisque vous ne boudez pas devant le travail, je vais faire prendre ces lettres chez M⁰ Yver, mon notaire, et nous découvrirons ensemble le *pot aux rosés*. Ma vie est écrite avec plus de soin dans le carton que voilà; mais c'est un de mes amis qui le premier doit la lire, si je décampe avant lui de ce monde. »

La correspondance en dépôt chez M⁰ Yver fut apportée à M. Horace Vernet; mais comme l'artiste venait spontanément de résoudre un voyage à Hyères, au lieu de la mettre sous mes yeux ou dans mes mains, — selon son dire, — il en confia le dépouillement exclusif à un parent, ancien journaliste, M. Huguet, son conseiller intime. Ce monsieur m'en apporta avec beaucoup de zèle les fragments par lui triés, transcrits par le scribe ordinaire de M. Horace Vernet, et marqués de points de suspension, qui représentent les passages supprimés des confidences de l'illustre artiste. M. Horace Vernet, revenu d'Hyères, me remit de sa propre main d'autres fragments également expurgés.

M. Horace Vernet m'offrit en outre un cahier dans lequel se trouvaient encore quelques lettres de lui, copiées par madame sa sœur, que je n'ai pas l'honneur de connaître. « Prenez encore, dit-il, tout ce qui vous plaira dans ce cahier. Permettez-moi seulement d'en sceller quelques pages que personne ne doit lire. Elles sont bonnes pour ma sœur qui est une dévote. » Et M. Horace Vernet scella devant témoins ces pages dans lesquelles sans doute il avait joué, pour plaire à sa sœur, des sentiments qu'il ne professe pas. Peu de jours après je lui rendis devant témoins ce cahier scellé.

« — Comment trouvez-vous mes griffonnages? me dit l'illustre académicien. — Fort bien, lui répondis-je; ils vous peignent à merveille. — On ne me connaît pas encore sous tous mes aspects, ajouta-t-il; on s'imagine bonnement que je ne suis rien de plus qu'un peintre. Mais j'ai d'autres facultés, voyez-vous; je n'étais pas un trop mauvais ambassadeur de France à Rome en 1830; demandez plutôt à M. Guizot! Le roi Louis-Philippe connaissait parfaitement mes ressources, quand il ne vit que moi seul capable de fondre la glace entre l'empereur de Russie et lui. Emportez encore ce calepin et transcrivez, pour l'édification du public, cette pièce dont j'ai déjà permis à mon ami le marquis de Saint-Simon de prendre un double. »

Cette pièce, messieurs, la voici :

« Paris, 9 août 1842.

« Écrit par Horace Vernet, sous un arbre, en revenant de Neuilly.

« Je suis allé chez le roi, qui m'a reçu de suite. En entrant dans son cabinet, les larmes nous ont suffoqués pendant plusieurs minutes. Je regrettais d'avoir provoqué celles du roi, après toutes celles qu'il avait déjà dû répandre. Il m'a semblé brisé sous le poids de sa douleur. Après un quart d'heure de récriminations sur le fatal événement, de regrets exprimés avec la plus touchante éloquence, la question politique est arrivée. L'espoir d'un règne glorieux évanoui, toutes les prévisions d'avenir brisées, ont été le sujet d'une longue lamentation.

« Alors j'ai pu parler de la commission dont l'empereur m'avait chargé. Les propres paroles de l'empereur, que j'ai rapportées fidèlement, n'ont pas surpris le roi, la note diplomatique étant dans le même sens. Sur ce point, le roi est entré dans des considérations diplomatiques en dehors du rôle qu'il m'est permis de jouer. J'en ai fait la remarque. Le roi alors a ajouté : « Dites à l'empereur que les vicissitudes qui ont éprouvé ma vie comme homme et comme prince ont mis mon caractère à l'abri de toute rancune contre ceux qui ont pu méconnaître mes intentions. Si les siennes ont changé, dites-lui que je suis prêt à lui rendre affection pour affection. Il n'est pas juste de croire que la force de caractère consiste à ne pas revenir sur les opinions qu'on a dû émettre à une autre époque, surtout quand le cœur a la conviction que ces opinions ont pu être modifiées par les circonstances. S'il devait en être ainsi, à quoi bon la discussion et la lumière qui en jaillit? Un souverain absolu peut faire dire ce qu'il veut à ses ministres; un roi constitutionnel ne le peut pas. Ce n'est pas moi, d'ailleurs, qui ai commencé. La notification de la mort du grand-duc Constantin ne m'ayant pas été faite, j'ai dû agir de même à la mort de ma pauvre fille. Pour être roi constitutionnel, je ne suis pas condamné au mutisme. Qu'une correspondance s'établisse entre l'empereur et moi, alors il me comprendra ; autrement les choses en resteront là. Pour moi, je suis prêt à faire tout ce qui pourra réunir deux peuples dont l'alliance est inévitable par la suite, et qui, si elle existait depuis longtemps, aurait rendu la politique plus simple et prévenu tout le mal que la mésintelligence qui semble régner entre nous a fait à l'ordre social ; car, mon cher Horace, l'empereur m'a fait bien du mal ! et mon malheureux enfant est mort persuadé qu'il en était exécré. Fallait-il que la preuve du contraire arrivât lorsqu'il n'était plus temps pour lui d'être détrompé !

« Dites aussi que Nemours me reste, qu'il est fort ; que s'il n'a pas les formes extérieures aussi agréables que son malheureux frère, que s'il n'a pas sa faconde, il était pour lui le meilleur conseiller ; qu'il sera régent, aidé de trois frères qui lui sont dévoués. Quant à Paris, c'est un enfant intelligent dont je ne puis répondre encore ; mais sa mère est une femme supérieure. Elle saura former son cœur pour remplir les obligations que le sort lui réserve. Ajoutez enfin que ses oncles sont chargés de lui transmettre l'éducation qu'ils ont reçue eux-mêmes. »

« Nous sommes encore en guerre avec la Russie, disait M. Horace ; mes lettres intéresseront le public, n'est-ce pas ? Cette dernière pièce surtout me montrera un peu prophète, soit dit sans vanité. Les choses, en effet, semblent tourner à la paix aujourd'hui. Le congrès de Paris est réuni. Faites donc bien attention à cette phrase du roi Louis-Philippe, tout à fait conforme à mes opinions :

« Je suis prêt à faire tout ce qui pourra réunir deux peuples (la France et la Russie) dont l'alliance est inévitable par la suite et qui, si elle existait depuis longtemps, aurait prévenu tout le mal que la mésintelligence qui semble régner entre nous a fait à l'ordre social. Car, mon cher Horace, l'empereur m'a fait bien du mal ! »

Cette satisfaction naïve que l'illustre artiste tirait de ses idées me porta à lui dire : « Je ne veux pas, dans l'étude que j'ai à faire sur votre compte dans l'*Histoire des artistes vivants*, paraphraser vos lettres ou les résumer. Un moyen me paraît plus simple : j'écrirai ce que je pense, ce que je sais de votre vie, de votre caractère et de vos ouvrages, et je disposerai ensuite, si vous le voulez bien, vos correspondances et vos documents à la fin de mon *Etude* en pièces justificatives. Le public vous connaîtra mieux en vous lisant qu'il ne vous connaîtrait par tout ce que je pourrais écrire moi-même.

« — Vous avez peut-être raison, me répondit M. Horace ; mais faites attention que je ne suis pas un très-fort littérateur ; vous aurez donc la bonté de m'enlever les *cuirs*, les fautes de français. Huguet, mon neveu, officier comptable du *Conservatoire des arts et métiers*, qui a fait le triage de ces lettres, a eu le soin d'en enlever déjà les fariboles les plus fortes. Après tout, j'aime à rire ; allez, ma farce est jouée ! je suis à l'abri de tout, et couvert de toile cirée. Allez, allez toujours ! Au reste, je ne suis pas fâché de dire mon mot au public, surtout en ce moment-ci. Je ne suis pas trop content, d'avoir vu Ingres mis au-dessus de moi par le discours du prince Napoléon, à la distribution des récompenses de l'Exposition universelle. Lui fait grand officier ; moi resté commandeur ; lui, le seul représentant des traditions du beau, allons donc, vieux cuistre ! vieux sournois ! Que ne l'envoyait-on, ce moine d'académie, là où je suis allé, moi, de si bon cœur, en Afrique ou dans les marais de la Dobrutscha ! Mais j'ai bec et ongles, et je m'en sers à l'occasion contre le premier venu, petit ou grand. J'avais commencé un tableau, aujourd'hui presque terminé, la *Bataille de l'Alma* ; lisez cette lettre, et publiez-là ; elle servira de leçon à qui de droit :

« Monseigneur,

« L'infirmation tacite du vote du jury international des Beaux-Arts, contenue dans le discours que V. A. I. a adressée à S. M. l'Empereur, lors de la clôture de l'Exposition universelle, m'a fait comprendre que mes œuvres ne remplissaient pas les premières conditions que, *dans son opinion personnelle, elle regarde comme le type éternel du beau* ; j'ai dû penser alors que l'exécution de la *Bataille de l'Alma* ne pouvait satisfaire S. A. I., et considérer comme m'étant rendue la liberté de donner à ce tableau une autre destination.

« Récemment, une démarche officieuse me faisant supposer que V. A. I. se croyait engagée vis-à-vis de moi, je viens la prier, quoique avec regret, de me permettre d'annuler la promesse que je lui avais faite.

« J'ai l'honneur d'être,
« Monseigneur,
« de Votre Altesse Impériale,
« le très-humble et très-respectueux serviteur,
« HORACE VERNET.

à Paris, 19 janvier 1856. »

« Mais, poursuivit Horace Vernet, comme il ne faut pas toujours pousser les choses à bout avec certains personnages puissants, voici comment j'ai arrangé les choses : je refuse le tableau au prince, mais je l'offre à son père. Cette seconde lettre est un petit amendement à la première. J'ai beaucoup vécu ; j'ai, comme on dit, *rôti le balai ;* imprimez les deux lettres.

« Monseigneur,

« Il y a près d'un demi-siècle, S. M. le roi de Westphalie daigna encourager avec une bienveillance toute particulière mes premiers essais dans une carrière que je n'ai pas toujours parcourue sans quelque succès.

« J'ose demander aujourd'hui à V. A. I. la permission de lui témoigner les sentiments de reconnaissance dont je suis animé pour elle, en la priant d'agréer l'hommage, que je prends la respectueuse liberté de lui faire, de mon tableau de la *Bataille de l'Alma.*

« Je supplie V. A. I. de ne considérer ce faible hommage que comme une dette que j'acquitte.

« J'ai l'honneur d'être,
« Monseigneur,
« de Votre Altesse Impériale,
« le très-humble et très-respectueux serviteur,
« HORACE VERNET. »

Voyant M. Horace Vernet si bien en goût de publicité, je lui proposai la combinaison de donner aux divers journaux, grands et petits, des fragments de ses lettres *dont il avait mis absolument,* je le répète, la *copie expurgée* à ma disposition en ajoutant ces mots significatifs : « *Un éditeur, M. Janet, a voulu m'acheter mes papiers ; je vous les donne ; je ne suis pas un littérateur ; je ne vends que mes tableaux.* »

Je rappelle instamment ces paroles à la conscience de M. Horace Vernet.

Il fut donc convenu : 1° Que ces fragments seraient publiés par les journaux comme *extraits de l'Histoire des artistes vivants ;*

2° Que j'offrirais à M. Paulin, directeur de l'*Illustration,* les fragments relatifs à l'Orient (1) *gratuitement,* à cause de son extrême obligeance pour M. Horace Vernet et pour moi ;

3° Que les fragments relatifs à la Russie seraient proposés à un grand journal quotidien ;

4° Que le prix que je pourrais tirer de ces derniers fragments servirait à faire de la publicité et des annonces pour la notice consacrée à M. Horace Vernet, laquelle devait paraître prochainement.

Je parlai du journal *la Presse.*

« La *Presse* ne voudra pas insérer mes morceaux, dit vivement M. Horace Vernet. Girardin

---

(1) Voir l'*Illustration* des 5 et 12 avril 1856 : *Voyage de M. Horace Vernet en Orient* (1839-1840), *fragments de lettres communiquées par M. Théophile Silvestre,* auteur de l'*Histoire des artistes vivants.*

ne me donnera pas l'occasion de primer Ingres, porté au pinacle par le discours du prince Napoléon. D'ailleurs, Girardin m'en veut personnellement; *il me garde, comme on dit, un chien de
sa chienne* depuis bien longtemps ; je vous dirai pourquoi. »

« M. Emile de Girardin, répondis-je, suit avant tout son intérêt; l'opportunité du sujet de ces
lettres lui plaira pour ses abonnés. Faut-il lui en proposer la publication, sans vous mettre en
avant? Je m'en charge. M'autorisez-vous ?

— « Je vous serai même très-obligé de le faire. »

M. de Girardin accepta la proposition : 500 francs à forfait, ou bien 100 francs par feuilleton.
Je conclus à forfait. M. de Girardin aima mieux ensuite payer à tant le feuilleton. Il n'y en avait
que quatre. Différence 100 francs. M. de Girardin opte toujours pour le bon marché.

M. Horace Vernet fut ravi de trôner dans les colonnes de la *Presse*.

M. Horace Vernet avait déjà corrigé avec moi devant témoins les épreuves de ses fragments communiqués à l'*Illustration*. Il voulut y ajouter qu'il avait tiré le canon, lui Horace Vernet, à la
défense de Paris, en 1814. Il lut encore avec moi les trois premiers feuilletons de la *Presse* pour
sa correspondance de Russie. Monsieur son neveu alla de sa part faire des changements et des
suppressions au quatrième et dernier feuilleton composé, et mis sur table à l'imprimerie du journal (1) sans daigner même me prévenir. Le fait a été prouvé en première instance par la lettre du
prote de la *Presse*, lettre dans laquelle se trouve cette phrase, tortueuse si l'on veut, mais probante
quand même : « Il est vrai que le neveu de M. Horace Vernet est venu faire des SUPPRESSIONS
et des CHANGEMENTS au feuilleton du 11 avril; mais je n'ai pas dû considérer ces CHANGE-
MENTS et ces SUPPRESSIONS comme une *correction* d'épreuves. »

Et comment donc appelez-vous cela, s'il vous plaît? Dites-nous que « *faire des changements
et des suppressions,* » c'est bien pis que de *corriger des épreuves*, et vous parlerez droit.

Entre-temps le traité de Paris, prélude du couronnement de l'empereur Alexandre II, était
conclu, signé, publié. Des agents officieux et des personnages officiels firent sentir à M. Horace
Vernet, —il me l'a confessé avec autant de surprise que d'innocence, — qu'il avait mal choisi son
temps pour publier ses lettres *patriotiques* contre un ennemi vaincu et réconcilié avec nous ; que
l'Institut était encore fort mécontent de cette phrase écrite par M. Vernet sur son collègue Ingres :

« Non, non, ce n'est point à mon mérite que j'attribue tant d'honneurs! C'est à ma bonne étoile que
je dois la belle position dans laquelle je me trouve. Je n'ai d'autre avantage que celui de l'avoir suivie,
au lieu de chercher à la gouverner par des moyens factices. Le *fiasco* de Ingres ici en est une preuve.
La société, qui tôt ou tard fait la part du mérite de chacun, n'ayant pas été excitée ici par une *claque*, a
laissé mourir un succès mûri sous cloche. Le grand air l'a tué. »

« *Entre académiciens il faut vivre !* » disait spirituellement M⁰ Crémieux. Les rancunes d'A-
cadémie sont mortelles.

« Est-il possible, avaient dit encore à M. Vernet des gens susceptibles que tout blesse, qui exagè-
rent tout, et qui prêtent à l'univers entier de mauvaises intentions, est-il possible que vous vous
soyez oublié au point de railler publiquement l'empereur Nicolas, vous, le diplomate envoyé secrè-
tement auprès de lui (quel diplomate!) par le roi Louis-Philippe? Comment! vous répondez aux
faveurs de la Russie en flétrissant ses mœurs, ses institutions? Vous vendez le secret de vos hôtes,
de vos bienfaiteurs; vous les comblez de ridicule, eux, leurs femmes, leurs fils et leurs filles ; vous
parlez de la princesse Olga comme un amoureux de mélodrame, comme un fou qui a perdu le

---

(1) Voyez la *Presse* des 8, 9, 10 et 11 avril 1856 : *Voyage de M. Horace Vernet, de l'Institut, en Russie (1842-
1843), fragments inédits de l'Histoire des artistes vivants, par Théophile Silvestre.*

sentiment des distances sociales; vous dites que les soldats russes sont des lâches, ce qui n'est ni vrai ni magnanime; que ces soldats sans énergie tombent et meurent dans la boue, le jour des manœuvres; que le prince Vielhorski est infirme, lui, le brave, mort sur les murs de Sébastopol en combattant pour sa patrie? Oh! ceci est bien plus fort encore que de bafouer votre collègue Ingres! »

On tourna littéralement la tête à M. Horace Vernet dans la nuit du 10 au 11 avril, dans le temps précis qui s'écoula entre la publication de l'avant-dernier et du dernier de ses feuilletons sur la Russie. J'avais vu, ai-je dit, l'illustre artiste très-satisfait. le 10; j'avais lu avec lui son troisième, son avant-dernier feuilleton de *la Presse*.

Le 11 au matin, je me rendis encore chez M. Horace Vernet; il était en ville. Quelle ne fut pas ma stupéfaction en trouvant chez moi, le soir, la lettre suivante, lettre par laquelle l'artiste essaie de me faire des reproches, mais n'ose pas les tenter franchement. Lisez plutôt :

« Ce vendredi 11 avril 1856.

« Monsieur,

« J'éprouve un vif regret de ne m'être pas trouvé chez moi quand vous y êtes venu, et je vous ai attendu le matin; car j'avais à conférer avec vous sur la publication qui a eu lieu dans le journal *la Presse*. Mon intention n'ayant jamais été de voir publier, sans qu'elle ait été révisée par moi, une correspondance intime, comme celle que je vous ai confiée dans un tout autre but, c'est-à-dire non *in extenso* dans votre livre.

« Je n'en suis pas moins votre tout dévoué,
« HORACE VERNET.

« Venez donc le plus tôt possible. »

Que pouvait avoir à me reprocher M. Vernet? J'avais revu avec lui, je ne saurais trop le répéter, les trois premiers feuilletons de la *Presse*; le quatrième, je le répète encore, et je l'ai déjà prouvé de reste, avait été relu, corrigé, avec *changements* et *suppressions*, dans les bureaux même du journal, par le neveu de M. Vernet, son mandataire. J'accourus nonobstant chez M. Horace Vernet pour répondre à son impatient *post-scriptum* : « *Venez donc le plus tôt possible,* » et pour lui demander moi-même des explications sur sa lettre si étrange, si peu en rapport avec sa joie de la veille, si peu conforme à nos conventions, si tardivement combinée; lettre enfin qui était pour moi une énigme dont j'avais hâte de pénétrer le mot.

Si M. Horace Vernet eut été fâché de cette publication faite par *la Presse*, il fallait tenter de la faire arrêter le 8, le 9, le 10, le 11 avril. Le temps n'avait pas manqué pour cela.

Je trouvai M. Horace Vernet rôdant dans sa chambre dans un état d'agitation et d'égarement qui me confondit tout d'abord. Il me fit sentir, dans les termes les plus exaltés, les plus divagants, l'embarras dans lequel le jetaient, contre toute prévision, des personnes influentes qui venaient de lire la *Presse* et de l'accabler de reproches. Il tremblait de se voir enlever, par ordre de l'empereur Alexandre II, les décorations de Russie : Lui, perdre ses décorations? il en mourrait de chagrin. Il ne fallait pas songer non plus à la moindre commande de tableaux. Que dire au comte Orloff? à la famille Vielhorski? au sénateur Heckeeren? Décidément il venait de faire, disait-il, sur la fin de la carrière, une équipée d'écolier, un écart de dignité personnelle et de caractère capables de le déshonorer à jamais. « Il ne me reste plus maintenant, s'écria-t-il; qu'à m'en aller mourir dans un coin, comme un chien! »

A quel saint se vouer? Que faire pour sortir de l'impasse? Désavouer M. Huguet, son confident intime, son neveu, son héritier présomptif, son *alter ego*? Comment! M. Huguet, chargé de faire un triage de bon goût des lettres de M. Vernet son parent, aurait-il pu manquer à ce point de tact et de prudence? Comment! c'est M. Huguet lui-même, — M. Horace Vernet devait-il forcément l'avouer, — qui aurait précisément, par des fragments de son choix, trahi, compromis, ridiculisé son oncle!

Car enfin, les manuscrits originaux de M. Horace Vernet n'ont jamais un seul moment été confiés aux mains de Silvestre. On ne saurait trop insister sur ce point.

M. Horace Vernet ne pouvait, messieurs, se résoudre à reconnaître publiquement la vérité; il ne pouvait donner de sa propre main un coup de couteau à M. Huguet, un membre de sa famille : c'est Théophile Silvestre qui recevra ce coup de couteau.

M. Huguet, sentant sa position difficile vis-à-vis de son oncle, restait silencieux, interdit. Bientôt il s'imagina que je pousserais peut-être la condescendance jusqu'à me charger de ses propres torts, si des torts il y avait là. Cette idée l'enhardit. Je l'arrêtai court. Il se radoucit, prit même un air obséquieux. Alors M. Horace Vernet, par une curieuse tactique, essaya de m'accuser d'indiscrétion :

« Je vais, dit-il, désavouer dans les journaux cette correspondance. Je suis, après tout, étranger à cette publication; ce n'est pas moi qui l'ai apportée aux journaux, c'est vous, Silvestre ! »

« — Oui, répondis-je, de votre part. Vous avez oublié peut-être, monsieur Vernet, que M. Emile de Girardin, après avoir parcouru les fragments triés, expurgés par votre neveu Huguet, copiés par votre propre scribe, m'a renvoyé à vous. Il lui manquait au bas de ces extraits votre *certifié conforme*, c'est-à-dire votre *bon à publier*. Vous l'avez aussitôt écrit et signé. M. de Girardin a voulu être en règle. Par ce seul fait je me trouve en règle aussi. Je n'eusse jamais cru nécessaire, moi, de prendre de telles précautions avec vous. Vous voudriez, à présent, me sacrifier à votre politique; vous avez le plus grand tort. Si vous persistez dans cette mauvaise voie, je serai forcé, à mon grand regret, de me défendre. Ce ne sera pas difficile, vous le sentez bien ! »

Ce *certifié conforme* est encore entre mes mains, messieurs de la cour; vous daignerez y jeter les yeux. Il dit tout dans ce procès. C'est une preuve écrite par M. Vernet contre lui-même. Il ne m'était d'aucune nécessité, à moi, ce *certifié conforme*; l'autorisation verbale de M. Horace Vernet, dont j'étais loin, alors, de suspecter la bonne foi, me suffisait amplement. Il n'y avait pas non plus à douter de la parfaite authenticité du manuscrit que M. Horace Vernet me donnait comme extrait de ses lettres originales.

M. Horace Vernet, bientôt mis à bout d'arguments, me supplia, tout en reconnaissant ses torts, de le tirer d'embarras par quelque moyen. « Je consens à vous servir, si cela est absolument possible, lui dis-je: cherchez vous-même un expédient qui ne blesse ni mon droit ni ma dignité. » M. Horace Vernet se mit à rédiger péniblement, avec son neveu, M. Huguet, une lettre au rédacteur de la *Presse*. Elle lui serait, croyait-il, un semblant d'excuse aux yeux des Russes et des membres de l'Institut.

Cette lettre, parfaitement inexacte, n'ayant rien de sérieux, et ne m'entamant pas, je lui promis de ne la point réfuter. J'ajoutai :

« Pour vous montrer que je suis le plus accommodant des hommes, tant que je ne suis pas poussé à bout, je me chargerai, si vous le voulez bien, de remettre de votre part cette lettre à M. Emile de Girardin. J'en solliciterai pour vous l'insertion ; et, pour que le rédacteur en chef de la *Presse* n'ait pas à craindre de voir surgir entre nous deux une polémique dans son journal, je lui donnerai l'assurance que ma résolution est de laisser passer en silence votre semblant de réclamation. »

M. Horace Vernet fut d'avis de rédiger encore une seconde lettre plus faible encore que la première, en cas de difficultés de la part de M. de Girardin. Je les présentai l'une et l'autre alternativement au rédacteur en chef de la *Presse*, qui ne voulut en insérer aucune, disant qu'il ne comprenait pas le caprice de M. Horace Vernet. « Comment! il a tant voulu publier sa correspondance, et maintenant que c'est fait, à sa prière et sous la garantie de son autorisation écrite, il veut protester! Et contre qui? et pourquoi? Il a tiré le vin, qu'il le boive; je ne veux absolument pas insérer la moindre réclamation de lui; il n'y a pas lieu de le faire. Arrangez-vous ensemble, embrassez-vous, si vous voulez! »

Je me bornai à rapporter à M. Horace Vernet une réponse conciliante : « M. de Girardin voudrait bien vous obliger; il regrette cette fois de ne pouvoir vous être agréable. En vous laissant protester, il aurait l'air lui-même, aux yeux de ses abonnés, de faire certaines publications dans sa feuille sans l'autorisation des auteurs. Au reste, il vous conseille de mettre de côté toute idée de réclamer contre la publication de votre correspondance. Vous ne feriez qu'augmenter la curiosité publique; il vaut mieux la laisser tomber, puisque vous regrettez maintenant de l'avoir éveillée. »

M. Horace Vernet alors se déchaîna contre M. Emile de Girardin de la manière la plus sanglante. Il me répéta à satiété que M. Emile de Girardin nourrissait depuis longues années contre lui, Horace Vernet, la haine la plus sourde et la plus noire. Et cela pour des motifs d'une nature si grave que si je les disais à la cour, elle serait forcée de faire sortir l'auditoire. Sont-ils vrais, ces motifs? Je l'ignore. Ce sont des calomnies, peut-être répétées par M. Vernet dans un moment d'aveugle emportement. M. Horace Vernet ajouta : « Je vais aller chez Girardin, moi, et nous allons voir! » Le soir même, 14 avril, je lus dans la *Presse*, non sans un grand étonnement, la lettre suivante :

« A monsieur le rédacteur.

« Paris, 12 avril 1856.

« Monsieur le rédacteur,

« M. Silvestre, auteur d'une *Histoire des artistes vivants*, est venu me demander des documents de nature à l'éclairer dans le travail qu'il se proposait de publier sur ma vie et mes ouvrages. J'ai satisfait à son désir en mettant à sa disposition ma correspondance intime avec ma famille, et notamment pendant mon voyage en Russie.

« Ces lettres ont été écrites à la hâte, sous des impressions passagères que le temps et la réflexion ont pu modifier. Je ne les ai jamais relues, et, dans ma pensée, elles devaient uniquement donner à M. Silvestre les moyens de parler de moi en toute liberté et en toute connaissance de cause.

« Comme vous l'avez dit vous-même avec juste raison, j'ai écrit ces lettres sans me douter qu'elles dussent voir le jour. J'ajoute, et les personnes qui me connaissent n'auront pas de peine à me croire, que je suis complétement étranger à la publicité qu'elles ont reçue dans votre journal.

« Je vous serais très-obligé, monsieur, d'insérer cette lettre dans votre plus prochain numéro, et je vous prie d'agréer l'expression de ma considération la plus distinguée.

« HORACE VERNET. »

Si cette lettre n'était pas d'un bout à l'autre un mensonge, l'eût-il écrite d'un ton si pusillanime? Il eût, au contraire, jeté feu et flamme, lui si susceptible, si emporté, si vaniteux! lui qui s'est targué devant des témoins que je pourrais invoquer d'avoir menacé à Versailles un sénateur de coups de canne! Eût-il désavoué si humblement ses opinions sur la Russie et sur ses collègues de l'Institut, — opinions dont la veille il revoyait avec moi les épreuves imprimées en se frottant les mains avec une joie malicieuse?

Ah! Messieurs, si au lieu de me donner, comme il l'a fait, et comme il n'ose pas venir lui-même le confesser ici, une copie banale de sa correspondance tronquée, pour sauver la pudeur, en conseil de famille; s'il m'eût confié, comme il a osé le prétendre, ses papiers originaux, sous réserves, et que j'en eusse abusé, quelle tempête! On l'eût vu, pour le moins, courir au procureur impérial, lui qui prétend corriger les sénateurs à coups de canne et les princes à coups de lettres! Voyons, m'eût-il épargné, ce matamore d'opéra-comique, qui prétend aujourd'hui cyniquement abuser de l'autorité de son nom? En d'autres temps il eût tout simplement demandé contre moi une lettre de cachet, ce libéral facétieux qui se rengorgeait en me disant : « Je suis né quinze jours avant la prise de la Bastille ! »

Et quel aplomb d'innocence dans cette phrase : «Ceux qui me connaissent n'auront pas de peine à me croire ; je suis étranger à cette publication ! »

C'est vous, monsieur le peintre, qui abusez de la confiance des gens crédules, et qui voulez me faire jouer le rôle d'un Jocrisse résigné, à votre profit !

Je croyais M. Horace Vernet satisfait d'avoir obtenu l'impossible de M. Emile de Girardin ; je croyais qu'il me saurait même quelque gré de le laisser mentir à mes dépens. Pas du tout. Quand il eut la mer, il demanda les poissons. Il trouvait que sa lettre de protestation, insérée si étrange ment dans la *Presse* du 14 avril, ne suffisait plus pour calmer les Russes et ses confrères de l'Institut. En effet, c'était, je le disais tout à l'heure, une bien faible protestation. Il lui fallait un acte décisif. Comme il n'avait ni le droit, ni l'audace, ni la force de faire au journal *la Presse* un procès rétrospectif, pour arriver à faire supprimer de la collection du journal les quatre numéros qui portaient ses élucubrations ; il résolut de m'intenter un procès ridicule, qui fait hausser les épaules à tout le monde, — car il a déjà fait grand bruit, hélas ! ce procès, messieurs de la Cour, ce procès de brouillon, commencé comme la fable *le Loup et l'Agneau*, et qui finira autrement, j'en suis certain, grâce à vos lumières !

M. Horace Vernet se disait sans doute : «Mes opinions sur la Russie et sur mes collègues de l'Institut circulent librement dans les cabinets de lecture et dans les lieux publics ; elles passent, elles passeront de la main à la main de l'abonné. Le premier venu aura le droit de les citer verbalement ou par écrit. Mais je ne puis empêcher cela ; il y aurait trop de monde à poursuivre. Silvestre est un homme isolé ; c'est à lui que je vais m'en prendre. *La Presse* a tiré ces fragments, hier charmants, aujourd'hui fâcheux pour moi, dit-on, du livre de Silvestre ; je ne peux pas lacérer *la Presse* ; tronquons le livre de Silvestre. »

Et M. Horace Vernet fit mettre le sequestre sur mes papiers à l'imprimerie Claye, et me donna défense par huissier de publier dans l'*Histoire des artistes vivants* ce que la *Presse* et l'*Illustration* en avaient déja extrait impunément, bien plus, légitimement. Sacrifions Silvestre par un violent abus d'influence. Exécutons-le.

N'est-ce pas un scandale, messieurs, et ne serais-je pas le plus lâche des hommes, si je courbais le front devant ces insolentes prétentions? Et si j'étais tenté, messieurs, d'y céder lâchement, n'auriez-vous pas le droit de me *mépriser?*

III

Débats devant la 4ᵉ chambre du Tribunal de 1ʳᵉ instance de la Seine.

Audience du 26 juillet 1857. — Présidence de M. Prudhomme.

J'étais à trois cents lieues de Paris ; j'arrivai devant le tribunal, convaincu simplement que M. Horace Vernet n'y soutiendrait pas ma présence, par un reste de pudeur. Il n'y parut pas : ces gens-là ne veulent pas se déranger, même pour la justice. M. Horace Vernet aima mieux déléguer sa conscience à l'avocat Cauvain qui en fit certes bon usage.

Je devais être écrasé : « Il défendait, disait-il, la cause des honnêtes gens. » Il parla emphatiquement et à froid d'*actes déplorables, d'atteintes aux relations d'estime, de la confiance que les hommes de cœur doivent avoir entre eux, de violation des secrets de la famille,* de confi-

dences du foyer domestique, d'épanchements familiers du mari avec sa femme, du père avec ses enfants, de délicatesse, d'honneur... que sais-je?

Et d'abord, il n'était même pas nécessaire de plaider; le tribunal n'avait qu'à juger, les yeux fermés :

« Je me présente, s'écriait-il, pour M. Vernet. Le nommer, c'est dire ce que tout le monde pense de lui.

« Personne ne me démentira, lorsque je dis que chez cet artiste illustre le cœur est au niveau du talent.

« Tous ceux qui connaissent M. Horace Vernet savent qu'il est la loyauté, la véracité même.

« Aussi lorsqu'un pareil homme affirme, les magistrats sont-ils toujours disposés à croire à sa parole.

« En regard de M. Horace Vernet, je dois placer celui qui est devenu son adversaire, M. Théophile Silvestre. »

Vous voyez, messieurs, l'antithèse était trop forte. Silvestre mis en balance avec Horace Vernet; c'est trop peu, ne pesez pas, messieurs les juges; cela n'est pas nécessaire. Condamnez Silvestre! L'avocat Cauvain a trop bien parlé. Il a déjà fait l'apothéose de M. Horace Vernet avec quatre phrases banales et enflées qui, depuis qu'il y a des avocats, servent à blanchir toute espèce de coupables, même les parricides.

Ledit Cauvain poursuivit son discours par des allégations de toute fausseté.

Il essaya tour à tour de me montrer :

Subornant et violentant à la fois M. Horace Vernet pour obtenir de lui la communication de ses lettres intimes;

Rendant ces lettres publiques par une surprise et par un abus de confiance;

Vendant pour mon compte ces lettres à la *Presse;*

Reconnaissant d'abord mes torts envers M. Horace Vernet et lui en témoignant mon repentir;

Voulant ensuite plaider contre lui, pour faire à mon profit du scandale et du bruit;

Au total, j'étais un coquin, puisque ledit Mᵉ Cauvain défendait, lui, « *la cause des honnêtes gens.* »

A force de vouloir trop bien blanchir M. Horace Vernet, Cauvain le maculait lourdement; il lui jetait, comme on dit, le *pavé de l'ours,* au lieu de le secourir, ce qui fit dire à mon avocat, Mᵉ Crémieux :

« Le tribunal aura remarqué que l'avocat d'Horace Vernet l'accuse de toute espèce de mauvaises choses pour pouvoir faire condamner Silvestre; car enfin si Horace Vernet attaque son illustre collègue (Ingres), insulte les Russes, se montre ingrat envers une famille hospitalière, médit d'un empereur qui le comble d'honneurs et de bienveillance, enfin écrit des phrases qui ne peuvent pas être reproduites (1), ce n'est pas la faute de Silvestre, qui n'invente rien, qui fait imprimer ce qu'il a reçu. Singulier procès, où l'avocat du demandeur (Horace Vernet) est forcé de mal présenter son client pour triompher de son adversaire ! »

On me l'avait bien dit : « Mᵉ Cauvain est un bon avocat au *Constitutionnel* et un bon journaliste au Palais. Ce pauvre garçon me diffama avec une aigreur acharnée qui tenait de la maladie, de l'infirmité. Il ne me connaissait pourtant pas; mais ces gens-là, qui font profession d'avoir toujours raison quand même, ont l'esprit tellement faussé, que l'homme sincère est naturellement leur ennemi :

Les gens droits sont mal reçus
Dans le pays des bossus (1).

(1) Hégésippe Moreau.
(1) Phrases graveleuses.

Mon adversaire n'avait produit ni pièces ni preuves, et je le défie hautement d'en montrer.

M⁰ Crémieux prit alors ma défense, accabla M⁰ Cauvain, et démontra parfaitement :

1° Que M. Horace Vernet, voyant l'opinion publique favorable à mes jugements, m'avait invité et reçu journellement chez lui, pour me donner tous les renseignements possibles sur sa vie et sur ses ouvrages ;

2° Que M. Horace Vernet, voulant rendre l'*étude* qui devait le concerner plus intéressante, m'offrit lui-même sa double correspondance sur l'Orient et sur la Russie, correspondance dont j'ignorais même l'existence ;

3° Que M. Horace Vernet m'autorisa, de vive voix et même par écrit, à les publier non-seulement dans l'*Histoire des Artistes vivants*, mais encore dans l'*Illustration* et dans la *Presse*, — comme extraits de mon livre, — afin de donner audit livre le plus de retentissement possible, retentissement dont la vanité personnelle de M. Horace Vernet profitait directement ;

4° Que M. Horace Vernet me donna la permission d'offrir *gratuitement* à l'*Illustration* ses fragments sur l'Orient, comme extrait de mon livre ;

5° Que M. Horace Vernet me permit encore de traiter avec la *Presse* pour la publication de ses fragments sur la Russie, également extraits de mon livre ;

6° Que M. Horace Vernet me permit de faire payer à M. de Girardin une somme quelconque pour ces fragments, somme que je devais employer à faire des annonces, des réclames, des affiches, pour donner à mon livre, c'est-à-dire à la notice concernant M. Horace Vernet, le plus de publicité possible ;

7° Que ces conditions ont été par moi remplies, ce qui appert de la déclaration suivante de l'éditeur Blanchard, lue devant le tribunal :

« Monsieur Théophile Silvestre,

« Vous me dites que l'avocat de M. Horace Vernet, qui plaide contre vous, vous accuse d'avoir perçu pour votre propre compte les quatre cents francs que M. Emile de Girardin vous a payés pour les quatre feuilletons de la *Presse* intitulés : *Voyage de M. Horace Vernet en Russie*, extraits inédits de l'*Histoire des artistes vivants*. C'est une erreur, puisqu'il a été convenu entre nous que tout fragment extrait de notre livre et payé par les journaux serait employé en annonces. »

8° Que M. Horace Vernet était si bien informé de la publicité que sa correspondance devait recevoir dans l'*Illustration*, qu'il corrigea lui-même avec moi, devant témoins (son scribe et son valet de chambre), toutes les épreuves des deux numéros, 5 et 12 avril 1856 ;

9° Que M. Horace Vernet n'ignorait pas davantage la publication de ses fragments sur la Russie dans la *Presse*, attendu qu'il revit également avec moi, devant les mêmes témoins, les épreuves des trois premiers feuilletons du journal, 8, 9 et 10 avril 1856, et cela avec une vive satisfaction et un véritable amour-propre d'auteur ;

10° Que M. Horace Vernet chargea son neveu, M. Huguet, de corriger, à l'imprimerie même du journal *la Presse* les épreuves de son quatrième et dernier feuilleton ;

11° Que ce fait est rendu positif par cette déclaration tortueuse, mais plus que suffisante pour moi du prote de la *Presse*, lue devant le tribunal :

« Il est vrai que le neveu de M. Horace Vernet est venu faire des SUPPRESSIONS et des CHANGEMENTS au feuilleton du 11 avril ; mais je n'ai pas dû considérer ces CHANGEMENTS et ces SUPPRESSIONS comme une correction d'épreuves. »

12° Que M. Horace Vernet a songé à se plaindre insidieusement et faussement de ma conduite tout à fait irréprochable à son égard, au moment où des personnes officieuses et officielles lui ont fait penser que la publication de sa double correspondance pouvait faire un mauvais effet et lui créer des embarras;

13° Que M. Horace Vernet a voulu, dès lors, pour se laver aux yeux des Russes et des membres de l'Institut, abuser de l'influence de son nom contre moi, me désavouer et me sacrifier à sa politique;

14° Que M. Horace Vernet a imprimé dès lors, à mon grand préjudice, que j'avais abusé de ses lettres originales en les publiant *in extenso* sans son autorisation; tandis que je n'ai, au contraire, reçu de lui que des extraits *triés*, expurgés par lui-même, par son neveu, et copiés par son scribe, loin de ma présence, et que de ces fragments il m'en reste encore plus d'un tiers non encore publié;

15° Qu'en effet, la copie manuscrite de ces fragments porte à la plupart de ses pages des points de suspension, indiquant les passages supprimés des confidences que l'artiste n'entendait faire ni au public, ni à moi, et dont par conséquent je ne saurais avoir abusé;

16° Que M. Horace Vernet, au lieu de se trouver étranger à la publication de ses fragments sur la Russie, avait, au contraire, fait solliciter par moi le rédacteur en chef de la *Presse*;

17° Que M. Emile de Girardin ne voulut accepter pour les publier les fragments de M. Horace Vernet sur la Russie, que dès le moment où l'artiste eut écrit et signé, au bas du manuscrit mis sous les yeux du tribunal, cette garantie :

Pour copie conforme :

HORACE VERNET.

18° Que Théophile Silvestre, au surplus, était entièrement libre de disposer comme il l'entendait de ces fragments, attendu qu'ils étaient devenus par un don de Vernet la propriété de l'*Histoire des Artistes vivants*;

19° Que Théophile Silvestre n'eût pu, sans en être devenu le propriétaire, les imprimer dans son livre avec sécurité, car les héritiers de Vernet les lui auraient pu réclamer par la suite (1);

20° Que la *Presse* elle-même en les publiant disait, le 8 avril 1856, sans provoquer de la part d'Horace Vernet la moindre contradiction :

« Cette correspondance fut donnée à M. Théophile Silvestre par l'illustre peintre lui-même, qui comprit, à la lecture des premières livraisons de l'*Histoire des Artistes vivants*, qu'il avait devant lui un biographe sincère et de bonne foi. »

Toutes ces raisons sont irréfutables.

L'orateur fit sentir ensuite le tort à la fois moral et matériel que M. Horace Vernet m'avait porté en me faisant cette querelle d'Allemand, en faisant séquester mes papiers, en suspendant ma publication de vive force, en diffamant mon caractère par ses allégations verbales ou écrites à son instigation dans les journaux et notamment dans l'*Indépendance belge*, dont l'article suivant est un véritable communiqué calomnieux, distillé à la fois par M. Horace Vernet et par son neveu Huguet, ancien journaliste, son bravo :

« M. Théophile Silvestre s'est présenté chez M. Horace Vernet, lui a annoncé l'intention de lui consacrer une notice dans son ouvrage, qui paraît par livraisons, et lui a demandé des renseignements sur sa

---

(1) M. Huguet, neveu de M. Horace Vernet, me dit un jour devant son oncle : « Silvestre, si mon oncle venait à mourir, je publierais ses Mémoires; me donneriez-vous, vous et votre éditeur, la permission de reprendre, dans votre *Histoire des Artistes vivants*, les fragments que mon oncle vous a déjà donnés ? — Oui, répondis-je; je le veux bien, pour mon compte; mais si mon éditeur s'y opposait ? — Vous le déciderez, reprit M. Huguet. — Je ferai pour cela tout mon possible, ajoutais-je. »

Cela prouve que si M. Huguet a poussé son oncle à me retirer ce qu'il m'avait donné, c'est que M. Huguet voulait le tourner à son avantage. Cupidité ! Voilà aussi un des secrets, une des *ficelles* du procès.

famille, sur sa vie et ses œuvres. M. Horace Vernet lui a remis divers documents qui concernent son père et son aïeul, et a consenti à lui donner communication de sa correspondance intime avec sa femme, durant ses voyages en Orient et en Russie. Il a été convenu que M. Silvestre y puiserait les détails nécessaires à son travail et que, s'il avait l'intention d'en publier quelques fragments, il soumettrait son œuvre à M. Horace Vernet, afin d'en obtenir une autorisation spéciale. M. Horace Vernet avait donc confié ces lettres à M. Théophile Silvestre à la condition qu'elles serviraient uniquement à lui fournir des renseignements biographiques, sans en permettre le moins du monde la publication totale ou même partielle. Le caractère confidentiel de cette correspondance explique suffisamment ces réserves.

« C'est dans ces circonstances qu'une copie de ces lettres a été remise à M. Théophile Silvestre. Ce dernier a proposé à M. de Girardin de lui en vendre la publication moyennant 500 fr., puis il a consenti à n'en recevoir que 400. M. Horace Vernet n'a eu à ce moment aucune relation avec M. de Girardin, qu'il a vu seulement après que la publication était effectuée. Quand les lettres ont paru il a vainement essayé d'en arrêter l'insertion, et il s'est hâté de protester dans une lettre que M. de Girardin s'est empressé d'accueillir avec la plus grande courtoisie et qui a été rendue publique (1).

« C'est alors que M. Horace Vernet, qui voyait pour la première fois M. de Girardin au sujet de cette affaire, a appris le marché fait par M. Théophile Silvestre et a connu cette circonstance que M. de Girardin avait fait disparaître d'office plusieurs passages livrés à l'impression par M. Théophile Sylvestre, et jugés trop intimes pour être publiés.

---

(1) Note. — Cela est si faux, que voici la lettre que Silvestre adresse à ce sujet à M. de Girardin.

« Paris, 20 avril 1856.

« *A M. Emile de Girardin, rédacteur en chef de* la Presse.

« Monsieur,

« J'avais résolu de laisser passer sans mot dire la réclamation de M. Horace Vernet, de l'Institut, que vous avez bien voulu insérer dans *la Presse* du 15 courant. Mon silence s'explique par la modération même de cette lettre et par la déférence personnelle que je me fais un devoir de professer pour son auteur.

« Mais l'illustre académicien vient de m'envoyer par huissier, ainsi qu'à mon éditeur libraire, M. Blanchard, l'impérieuse défense d'imprimer dans l'*Histoire des artistes vivants* les extraits de sa correspondance, que vous avez bien voulu accepter de moi aux conditions que vous faites à vos rédacteurs ordinaires, et qui ont déjà paru dans les feuilletons de *la Presse* des 8, 9, 10 et 11 courant sous ce titre : *Voyage de M. Horace Vernet, de l'Institut, en Russie (1842 et 1843); fragments inédits de l'Histoire des artistes vivants, par Théophile Silvestre.*

« M. Horace Vernet me fait la même interdiction en ce qui touche d'autres fragments inédits de mon livre tirés de sa correspondance d'Orient (1839 et 1840), et publiés par *l'Illustration* les 5 et 5 de ce mois.

« *La Presse* a mis quatre jours à faire paraître le *Voyage en Russie*; *l'Illustration* a mis deux semaines à donner à ses lecteurs le *Voyage en Orient,* dont M. Horace Vernet a, du reste, revu avec moi, devant témoins, les premières épreuves, me laissant, par une impatience facile à comprendre, le soin de revoir les suivantes. De plus, il me voyait presque tous les matins. Sa protestation n'est-elle pas au moins tardive ? Et je ne dis pas tout.

« On pourrait me suspecter d'avoir donné à sa correspondance intime une indiscrète publicité si j'avais reçu de lui, sous réserve, et publié *in extenso* ses lettres originales; mais avec une réflexion égale à son obligeance, il n'a mis réellement à ma disposition que de simples extraits copiés sous ses ordres, loin de ma présence, par son secrétaire particulier, et signés, vous le savez, monsieur le rédacteur : *Pour copie conforme, Horace Vernet.*

« Il eût pu m'arriver, dans le cours de mon ouvrage, d'avoir à parler sur papier libre de tel ou tel membre éminent de l'Académie; mais ce n'est qu'à mon corps défendant, et par pure résignation aux circonstances, que je viens de répondre sur papier timbré à celui d'entre eux dont le caractère, jusqu'à ce jour réputé fort libéral, m'inspirait le plus de sympathie. *Fais ce que dois...*

« Au temps de la prérogative royale ou sous le régime censitaire, écrivain obscur et isolé, j'aurais redouté pour mon droit quelque illustre violence; mais je ne crais rien aujourd'hui sous la protection de la loi. La justice coupera court sans passion et sans phrases, à ce fâcheux débat. Elle seule a l'incontestable pouvoir de supprimer de mon livre les pages que M. Horace Vernet en voudrait arracher.

« Daignez agréer, monsieur le rédacteur, l'assurance de ma considération très-distinguée.

« **THÉOPHILE SILVESTRE.** »

« Ayant appris que M. Théophile Silvestre se préparait à faire paraître, dans sa livraison de mai, les lettres d'Orient et de Russie, M. Horace Vernet a déféré l'affaire aux tribunaux. Une ordonnance de M. le président lui a permis d'opérer la saisie du manuscrit de M. Théophile Silvestre entre les mains de l'éditeur, M. Claye, qui en a été constitué séquestre.

« Tels sont les faits du procès qui est actuellement pendant devant le tribunal de première instance. On voit que cette affaire soulève une intéressante question de propriété. Il arrive tous les jours qu'un historien ou publiciste reçoit en communication des documents ou des lettres. Il importe de savoir comment doit en être réglé l'usage. »

(Indépendance belge, 4 mai 1856.)

La quatrième chambre du tribunal de première instance de la Seine rendit le jugement suivant :

« Sur le chef des dommages-intérêts réclamés par Vernet à l'occasion des publications faites jusqu'à ce jour :

« Attendu que ce n'est que pour donner à Silvestre les documents nécessaires pour un ouvrage sur la vie et les travaux de Horace Vernet que celui-ci a remis la correspondance dont s'agit, qui ne devait être publiée que par fragments approuvés par Vernet lui-même ; que Silvestre a donc excédé les termes dans lesquels cette communication avait été faite en publiant cette correspondance dans toute son étendue ;

« Attendu, toutefois, que la réclamation de Vernet, admise dans le journal même dans lequel cette publication a eu lieu, ne permet à personne de supposer que Vernet ait pris part à cette publication, et le met ainsi en dehors de toutes les conséquences de cette publication, si elle pouvait en avoir ; que, dans tous les cas, il n'en peut résulter aucun préjudice appréciable en argent ;

« Sur la saisie et la remise du manuscrit :

« Attendu que la communication faite dans les termes ci-dessus a rempli son objet, qu'elle a fourni à Silvestre tous les documents qu'il pouvait juger nécessaires, mais qu'aucun écrit ni engagement n'est représenté qui établisse que Vernet aurait cédé la propriété du manuscrit ; qu'il a donc le droit de le reprendre, sauf la faculté accordée à Silvestre d'en publier des extraits approuvés par Vernet ;

« Par ces motifs,

« Dit qu'il n'y a lieu à dommages-intérêts ;

« Dit que Silvestre et Blanchard devront remettre à Vernet le manuscrit et les documents communiqués, et ce dans les trois jours de la signification du jugement, à peine de vingt francs par chaque jour de retard, sous la réserve de la faculté accordée à Silvestre d'en publier des extraits approuvés par Vernet. »

Ce jugement, messieurs, je viens vous prier de le réformer.

IV

CONCLUSIONS.

J'ose espérer, Messeurs de la Cour, que vous condamnerez M. Horace Vernet en tous points, d'après les conclusions suivantes formulées pour moi par Me Peigné, avoué :

Plaise à la Cour :

Statuant sur l'appel interjeté par M. Théophile Silvestre d'un jugement rendu par la 4e chambre du tribunal civil de la Seine, en date du 26 janvier 1856, enregistré ;

Attendu en fait qu'il est constant que les rapports de Théophile Silvestre et de Horace Vernet n'ont commencé que lorsque huit études de l'*Histoire des artistes vivants* avaient déjà été publiées ; qu'Horace Vernet savait donc à quelle publication les documents fournis par lui devaient servir ;

Que la correspondance remise par Horace Vernet à Théophile Silvestre n'est qu'un extrait revu et corrigé, tant par Horace Vernet que par le sieur Huguet, son neveu ; que cet extrait a été approuvé, ainsi que le constatent ces mots : « Pour copie conforme, *Horace Vernet;* »

Que si Horace Vernet entend faire une distinction entre la publication faite dans l'*Histoire des artistes vivants* et celle du journal *la Presse,* cette distinction n'est pas fondée, puisqu'il a eu connaissance des deux modes de publication et les a approuvés, et a même corrigé les épreuves, ainsi que cela est établi au procès ;

Attendu que c'est donc à tort que le jugement dont est appel prétend que la correspondance d'Horace Vernet a été publiée dans toute son étendue et au mépris des réserves faites par Horace Vernet ;

Attendu que Vernet ayant donné à Théophile Silvestre les extraits de sa correspondance, afin que celui-ci en fit tel usage qu'il jugerait utile pour sa publication, ces extraits sont maintenant la propriété de Théophile Silvestre et qu'on ne peut plus accorder à Vernet le droit de reprendre ce qu'il a donné ;

Qu'en déclarant que Vernet ferait de nouveaux extraits, parce qu'il eût été injuste de déclarer que Théophile Silvestre ne pouvait rien publier, le tribunal n'a reconnu à Théophile Silvestre qu'un droit illusoire, puisque Théophile Silvestre serait à la discrétion absolue de Vernet;

Que la demande de Vernet est donc non recevable et mal fondée ;

Attendu qu'en vertu d'une ordonnance de M. le président du tribunal civil de la Seine, en date du 25 avril 1856, et suivant procès-verbal de Neuville, huissier à Paris, en date du même jour, Horace Vernet a fait procéder à la saisie des clichés, compositions, manuscrits ou exemplaires relatifs à l'étude sur Horace Vernet, et qui devait être compris dans l'*Histoire des artistes vivants;*

Que cette saisie, faite sans droits, a causé à M. Théophile Silvestre un préjudice grave, tant moral que matériel, et dont M. Théophile Silvestre a le droit d'obtenir une juste réparation ;

Sur ces motifs et tous autres à déduire et suppléer de droit et d'équité,

Recevoir M. Théophile Silvestre appelant du jugement dudit jour du 26 juillet 1856.

Et faisant droit à l'appel dudit sieur Théophile Silvestre, infirmer ledit jugement, émendant décharger l'appelant des dispositions et condamnations contre lui prononcées ;

Faisant droit au principal, déclarer le sieur Horace Vernet mal fondé en ses demandes, fins et conclusions, faire main-levée de la saisie pratiquée ;

Et statuant sur la demande reconventionnelle de Théophile Silvestre,

Condamner M. Horace Vernet à vingt mille francs de dommages-intérêts ;

Subsidiairement admettre Théophile Silvestre à les fournir par état ;

Ordonner la restitution de l'amende,

Et condamner M. Horace Vernet aux dépens de première instance et d'appel, dont distraction sera faite au profit de Me Peigné, avoué, qui la requiert avec offres de droit,

Sous la réserve de modifier les présentes,

ET CE SERA JUSTICE.

Messieurs de la Cour,

Au nom de la pure Justice, qui domine les vanités, les caprices, les folies, les misères des puissants; qui n'écoute d'autre voix que celle de l'immortelle Vérité; qui flagelle le fort insolent, astucieux et lâche, pour relever le faible juste, pauvre et opprimé; vous condamnerez *sur tous les points* M. Horace Vernet qui se croit tout permis, qui s'obstine à violer le droit et à braver l'honnêteté; qui a porté par un amour-propre outré les plus rudes atteintes à ma considération et à mes intérêts; qui me fait revenir aujourd'hui d'Italie tout exprès pour plaider contre lui. Cette condamnation que je sollicite de vous, avec l'ardeur et la confiance d'un homme sans peur et sans reproche, sera d'un bel exemple. Elle fera connaître à tout le monde que le talent, la renommée, la fortune, les honneurs, ne donnent à personne le droit à l'hypocrisie et à l'iniquité.

N'oubliez pas surtout que, peu de jours après la sentence des premiers juges, M. Horace Vernet *absous* recevait une commande importante du gouvernement russe, commande annoncée par la *Presse*. Condamné, M. Horace Vernet n'eût certes rien obtenu de l'empereur Alexandre II, dont il venait d'outrager le père vénéré. A présent que M. Horace Vernet a surpris sa commande et qu'il tient son argent, qu'il me rende mon droit!

Daignez excuser, Messieurs de la Cour, la résolution que je prends de porter moi-même la parole dans cette triste affaire. Si je parais ainsi déroger aux usages, je le fais par sincérité de cœur, non par vanité personnelle, ni par indiscipline. Si M. Horace Vernet, au lieu de faire soutenir sa mauvaise cause par délégation, procédé habile qui semble engager plutôt la conscience de son avocat que la sienne propre; si M. Horace Vernet, dis-je, venait comme moi se soumettre franchement à votre jugement, vous saisiriez du premier coup d'œil la vérité. M. Vernet répondrait bien mal à mes questions, je le crois, j'en suis sûr.

THÉOPHILE SILVESTRE.

Paris, le 6 juillet 1857.

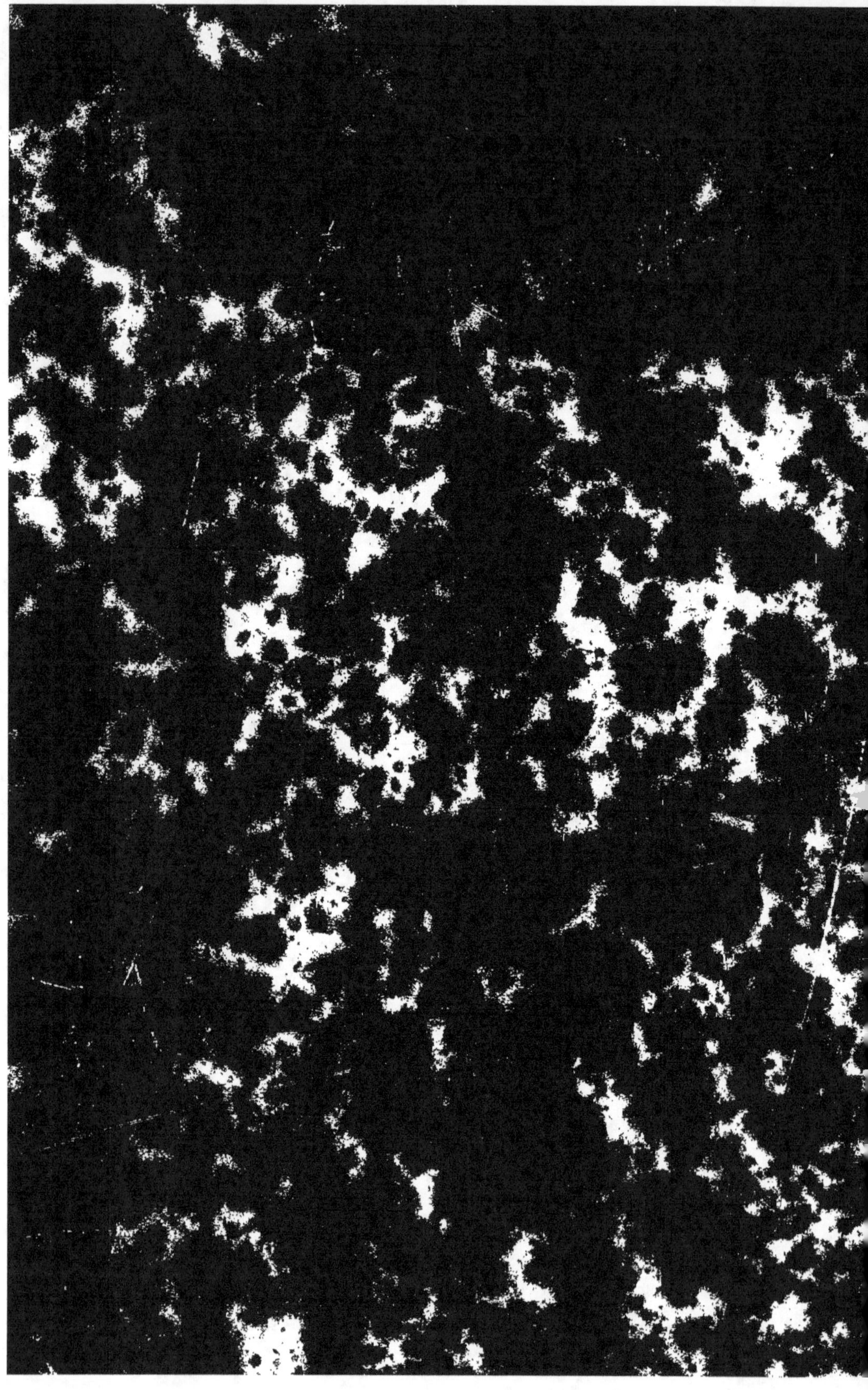

www.ingramcontent.com/pod-product-compliance
Lightning Source LLC
LaVergne TN
LVHW012315050726
842524LV00004B/1425